AF349541

Le

Payement des Loyers

D'AVANCE

COMPTANT

ET A CRÉDIT

LA PROPRIÉTÉ IMMOBILIÈRE DE ROUEN

42, Quai de Paris, Rouen.

Extrait du « Bulletin » n° 286 (Août-Sept.-Oct.-Nov. 1921).

LE PAYEMENT DES LOYERS

« d'avance », « comptant » et « à crédit »

Chacun sait que dans toute opération entraînant une dette, il y a trois modes de payement : *d'avance, comptant et à crédit.*

Pourquoi en matière de loyers en serait-il autrement ? Pourquoi en cette espèce n'a-t on vu jusqu'alors que payement *d'avance et à terme échu ?*

Le but de ce travail est de démontrer ce qu'est un payement *d'avance,* mais quelques lignes sont nécessaires ici sur l'expression « terme échu », qu'il faut, pour la clarté des explications, diviser par mot.

Suivant l'endroit qu'il occupe dans une phrase, le mot « terme » possède différentes significations : *fin, limite* (d'une course, de la vie), *époque, date* (d'un payement), *durée* (espace de temps).....etc., mais ces seules significations nous occupent ici.

De son côté, le mot « échu » n'a d'autre signification que : *dû* et *exigible.*

Payement *à terme échu,* on ne saurait le contester, est cependant un langage très courant et qui dans la coutume s'applique pour payement *à fin de trimestre.* Il ne serait pas exact de dire *à fin de jouissance,* cette expression ne convient en réalité que pour *l'expiration du dernier trimestre.*

Si un bail porte : ...*payable aux termes d'usage et* « *d'avance* », le but recherché, et atteint, c'est le payement *au commencement du trimestre.* Mais une telle rédaction est mauvaise, erronée, et nous montrerons que ce mode de payement est *comptant*.

L'échéance n'est-elle pas, comme nous venons de le dire, le *terme*, ou *l'époque*, ou la *date d'exigibilité* d'un payement « convenu », d'une dette ?

Lorsqu'une convention stipule des payements fractionnés à dates fixes, chaque fraction n'est-elle pas *due, échue, exigible,* aux dates fixées ?

Partant de ces principes incontestables, le débiteur s'acquittant des fractions « aux dates convenues » fait, en réalité, un payement « à terme échu » puisque « dû et exigible » et cela *même au commencement du trimestre* et malgré la rédaction « d'avance » qui est inexacte.

L'intérêt des remarques ci-dessus n'échappera pas au lecteur et doit, au surplus, le guider dans cette étude, car c'est déjà démontrer, en l'appuyant, la justesse de la thèse que nous allons soutenir aujourd'hui.

Si, d'ailleurs, nous sommes conduits à traiter longuement cette question c'est que : 1° Le sens et la portée de l'expression *d'avance* — en matière de loyers — ont toujours été déformés ; 2° Nous avons trouvé au *Journal officiel*, ainsi qu'on le verra ci-après, l'amorce d'une loi sur l'espèce.

Voyons donc, tout d'abord, l'argumentation officielle, la nôtre suivra.

Dans la discussion de l'article 21 — devenu 25 — de la loi du 9 mars 1918 (1), nous relevons certains détails (2) en les résumant :

(M. Cruppi est président de la Commission de législation civile, M. Ignace est rapporteur, et nous sommes en avril 1916, ceci ne doit pas être perdu de vue).

M. Mauger. — Tiendra-t-on compte au locataire du montant des intérêts des loyers d'avance ?

M. le Rapporteur. — La Commission n'a pas pensé... qu'il fût équitable de maintenir entre les mains du propriétaire, une *garantie* qui représente souvent des sommes importantes, alors que le locataire est attrait devant la Commission arbitrale pour payer des loyers *en retard* échus pendant la guerre.

...ces loyers d'avance représentent en général six mois de loyer.

M. Paul Beauregard. — ...Pour l'avenir, est-ce que cette

---

(1) Art. 25. — Les sommes versées à titre de loyer d'avance ou de garantie de l'exécution du bail se compenseront de plein droit avec le montant des termes échus pendant la durée de la guerre.

(2) *J. O.* du 15 avril 1916 — Débats, Chambre, page 949.

compensation de loyers d'avance va faire que le propriétaire n'aura plus cette garantie ?...

M. le Rapporteur. — ...Pendant la durée de la guerre, tant qu'il y aura provision — si j'ose m'exprimer ainsi — tant qu'il existera des loyers d'avance, la compensation s'opérera.

A partir du moment où il n'y aura plus de loyer d'avance, par suite de la compensation opérée, la Commission statuera sur les loyers *échus*. *Quant à la reconstitution de la garantie*, il ne peut en être question qu'après la cessation des hostilités et avec tous les délais qui seront nécessaires au locataire.

M. le Président. — ...M. Caffort propose un texte additionnel à l'article 21, ainsi conçu :

« Le payement des loyers sera exigible à terme échu.

« Chaque fois qu'il sera contrevenu à cette règle par des stipulations particulières, le propriétaire devra au locataire les intérêts au taux légal des sommes ainsi avancées.

« Cette dernière disposition sera d'ordre public. »

En soutenant sa proposition, M. Caffort est amené à dire que les gérants d'immeubles et les concierges sont souvent plus durs que les propriétaires eux-mêmes; (1) puis il ajoute que l'habitude, de plus en plus répandue de faire payer le loyer d'avance, constitue un abus contre lequel il est nécessaire de défendre les locataires.

M. le Rapporteur. — En demandant à la Chambre de ne pas voter l'amendement qui lui est soumis par notre honorable collègue, il n'entre pas dans ma pensée d'en contester le fond. Que désire, en effet, l'honorable M. Caffort ? Que toutes les fois qu'en matière de baux et de location *des loyers d'avance ont été stipulés et versés*, les sommes qui les représentent produisent des intérêts. Sur ce point, nous serons tous d'accord...

...Nous sommes d'accord avec notre collègue sur le fond, nous demanderons comme lui que, pour l'avenir, les loyers versés d'avance produisent des intérêts...

M. le Président de la Commission.— Demandez la disjonction !

M. Caffort. — ...Je demande à M. le Rapporteur s'il s'agit de disjoindre mon texte de l'article 21 ou de le faire disparaître.

M. le Garde des Sceaux. — Le Gouvernement se joint à la Commission pour demander la disjonction.

M. Turmel. — ...D'habitude, le terme d'avance est de six mois. Au bout de six mois, il n'y a plus de dette de la part du propriétaire ni du locataire en vertu de la compensation, mais,

---

(1) Dont acte pour les propriétaires de province.

après six mois, le locataire ne doit-il pas de nouveau son loyer d'avance ? Qui l'empêche de le payer ? S'il est exonéré la question ne se pose pas, mais s'il est condamné, *à partir du terme où le troisième trimestre « arrive à échéance », c'est-à-dire à la fin des six mois* et ainsi de suite il devra payer *dans les conditions de son bail et toujours d'avance.*

M. LE PRÉSIDENT. — Je mets aux voix la disjonction de la disposition additionnelle présentée par M. Caffort.

(La Chambre adopte la disjonction).

M. PAUL BEAUREGARD. — Nous avons voté avec la Commission, mais il est bien entendu que la Commission, le plus tôt possible, rapportera un projet établissant les intérêts en question.

M. LE RAPPORTEUR. — La Commission en prend l'engagement formel. Elle présentera le plus rapidement possible un rapport sur cette loi spéciale.

Nous trouvons aussi au *Journal officiel*, dans la discussion de la loi du 16 juillet 1921 sur les loyers (1), une très juste observation de M. Levasseur, député de la Seine ; la voici :

« Dans nos grandes villes, à Paris notamment, il est de coutume de faire payer le *terme d'avance*. Actuellement, cette pratique revêt un caractère de gravité tel que nous sommes obligés de nous insurger contre elle. Ce n'est plus un terme, c'est un an, quelquefois deux ans de loyer qu'on exige du locataire. C'est un abus intolérable. La loi a deux moyens de le réprimer.

« C'est d'abord d'interdire le payement du loyer sous la forme en usage dans nos grandes villes, ou, si l'on ne peut pas aboutir sous cette forme, de déclarer qu'un intérêt de 6 pour 100, intérêt normal, rénumérera le capital ainsi avancé. (*Très bien, très bien, à l'extrême gauche et à gauche*). Si vous n'adoptez pas cette disposition, vous permettez aux abus que j'ai signalés de se perpétuer. Dans la loi de justice et de conciliation que vous voulez voter, vous ne pouvez faire autrement que d'envisager des dispositions de cette nature ».

Sur les abus signalés — et qui sont exclusivement parisiens, on ne saurait trop le souligner — tous les honnêtes gens seront d'accord sur les observations faites..... Mais..... qu'entend-on par loyer « payé d'avance » ?

C'est à cette unique question que nous répondons dans cette étude.

---

(1) *J. O.* du 6 juillet 1921 — Débats, Chambre, page 3198, deuxième colonne.

A notre avis, M. le Rapporteur a très bien défini la question dans ses explications et, en s'y reportant, on verra que dans sa pensée le loyer d'avance n'est autre chose qu'une somme — généralement six mois, a t il dit — versée entre les mains du propriétaire à titre de « garantie » ou de « provision »...

... Sur loyers « à échoir » en fin de jouissance cela ne fait aucun doute.

Mais si on lit attentivement la réflexion de M. Turmel, on constate cette singularité : il qualifie « d'avance » le versement habituel de six mois. D'accord puisqu'il s'agit ici de la « garantie sur fin de jouissance », mais, dit-il, ce versement de six mois compensé et ces six mois compensés expirés, le troisième trimestre « arrive à échéance », le locataire devra donc payer *dans les conditions de son bail et toujours d'avance*.

Rien de surprenant, cependant, si M. Turmel a devant les yeux un bail qui porte : ...payable par quart... et « d'avance ».

C'est donc la mauvaise rédaction du bail, la rédaction routinière, qui conduit à la réflexion anormale, car tout payement effectué « à son échéance » c'est-à-dire à *date ou époque convenue* n'est pas un payement d'avance mais à terme *échu* puisque *dû et exigible*.

Le payement à *fin du terme* est un payement à *terme* (durée) *expiré*, conséquemment à *crédit* ainsi que nous le démontrerons plus loin par des exemples indiscutables.

La question dont nous avons entrepris l'étude peut paraître un peu hardie ; il s'agit, en effet, d'extraire de l'ornière de la routine (1) une expression aussi erronée qu'ancienne, mais nous ne désespérons pas convaincre ceux qui prendront la peine de lire et aussi de méditer, ce qui est indispensable dans l'espèce.

Donc à l'approche — peut-être — d'une disposition législative imposant au propriétaire un intérêt à servir au locataire pour « loyer d'avance » notre travail ne poursuit qu'un but : Eviter tout malentendu en *déterminant ce qui est réellement un loyer d'avance*.

Si, en effet, il est de toute équité qu'un intérêt soit dû et servi sur toute somme versée « d'avance » « en garantie », soit en matière de loyer soit en toute autre matière, alors surtout qu'il s'écoule un certain délai entre le versement opéré et la possession et jouissance de la marchandise, objet du versement, la mesure à prendre doit être exclusive au but recherché.

Nous avons relevé plus haut l'amendement de M. Caffort et ses incidents. Nous avons intentionnellement fait silence sur une

---

(1)... Même administrative. N'a-t-on pas lu, en effet, ceci sur les feuilles individuelles de déclarations de locations verbales : « Date de l'exigibilité des loyers ou fermages (avec indication s'ils sont ou non payables *d'avance*) ? ? ?

phrase qu'il a prononcée, parce que nous devions la faire suivre d'une réflexion qui aurait quelque peu contrarié la lecture du débat officiel.

Cette phrase et notre réflexion trouvent leur place ici.

M. Caffort a dit (1) : ... « le Code civil et une jurisprudence déjà séculaire et très solidement établie ont accordé aux propriétaires toutes les garanties nécessaires pour défendre leurs droits...

Notre réplique sera, comme il convient, de source officielle.

La loi du 17 mars 1909, concernant la vente des fonds de commerce disposait — article 3 — que « tout créancier » du cédant, *que sa créance soit ou non exigible*, pourra former opposition au payement du prix... ».

Tout créancier, le propriétaire était donc au nombre de ceux-ci, mais cet avantage fut de courte durée. La loi du 31 juillet 1913 a, en effet, modifié l'article 3 de la loi du 17 mars 1909, et parmi les modifications de *pure forme* on trouve la *déterminante* : « Le bailleur ne peut former opposition pour loyers « en cours » ou à échoir, et ce, nonobstant toutes stipulations contraires ».

Il est si exact que cette dernière modification fut la déterminante, comme nous venons de le dire, qu'on en trouve la preuve dans l'article 2 et dernier de cette loi du 31 juillet 1913, qui donne un effet rétroactif à la mesure nouvelle en la rendant « applicable aux oppositions non validées par décisions judiciaires devenues définitives avant la promulgation de la présente loi ».

N'est-ce pas que le propriétaire « a toutes garanties pour défendre ses droits » ?

C'est d'ailleurs à la suite de semblables mesures et de continuelles pertes de loyers par suite d'insolvabilités, de déménagements furtifs, etc., que, dès 1913, nous avons établi des modèles de baux à périodes renouvelables et d'engagements de location — résiliables mensuellement ou trimestriellement — et dans la rédaction desquels nous avons indiqué le payement « comptant » *c'est-à-dire le premier jour du terme* ».

Ces modèles sont toujours en usage depuis cette époque et nous n'avons eu connaissance d'aucune difficulté.

Enfin mentionnons, pour ordre seulement, les dispositions de l'article 24 de la loi du 9 mars 1918, les effets de cette loi devant être temporaires et exceptionnels. Mais si ce n'était trop allonger cette étude, certes nous trouverions de ce côté encore des amorces sérieuses tendant à diminuer le gage du propriétaire.

Les lignes qui précèdent sont du domaine des initiés, il nous reste à éclairer, dans un langage moins absorbant, les intéressés

---

(1) *J. O.* du 15 avril 1916. — Débats, Chambre, page 950, première colonne.

appelés à supporter l'application de la mesure législative à intervenir et à leur montrer par des exemples faciles à saisir, les principes positifs de nos conclusions.

Nous avons reconnu qu'il était très juste de tenir compte à un locataire de l'intérêt d'une somme versée au commencement de sa jouissance *et imputable sur le dernier trimestre — ou semestre* — de cette jouissance, parce que dans ce cas, avons-nous dit, c'est bien un versement fait d'avance.

Qui pourrait d'ailleurs nier une semblable équité ? Un M. Vautour quelconque ? Il n'y a pas ici une ligne de disponible pour prendre la défense de ceux qui sont cause des lois dont nous avons tous à souffrir : qu'il s'agisse de propriétaires ou de locataires, de patrons ou d'ouvriers.

Nous continuons. Mais par contre nous estimons qu'il n'est dû aucun intérêt pour les payements qui sont effectués au commencement du trimestre, parce que ce payement est « comptant » et le payement à la fin du trimestre est un payement « à crédit » comme on va le voir.

En entrant, le locataire verse de l'argent — trois mois — on lui livre la « marchandise-logement » (1), cet *échange d'argent et de marchandise* est une opération « au comptant ».

Il arguerait en vain qu'il n'a pas encore joui, usé de la chose lorsqu'il paye, car on peut lui répondre : lorsque vous achetez un chapeau — ou tout autre objet — que vous payez et emportez, en avez-vous eu une jouissance quelconque ? et cependant vous n'appelez pas cela payer d'avance ?

En juillet 1920, questionné sur le sujet traité ici — par un adhérent soucieux d'être logique, nous écrivait-il — c'est dans le sens des alinéas qui précèdent, que nous lui avons répondu.

Or, notre réponse nous valut une seconde lettre de notre sociétaire dans laquelle il expose l'application qui lui fut faite de l'article 25 de la loi du 9 mars 1918, dans une affaire avec un locataire devant la Commission arbitrale, puis il continue :

« En suivant votre thèse, un locataire pourrait dire : Soit, vous
« voulez être payé d'avance sans me compter d'intérêts, or, moi je
« ne vois pas pourquoi je vous payerai le 1er juillet par exemple,
« une jouissance que je ne consommerai que journellement jus-
« qu'au 30 septembre ; donc je vous payerai d'avance puisque
« vous l'entendez ainsi, mais je ne le ferai que chaque matin, par
« fraction de 1/90e et pour la journée à courir, ... je ne vois
« pas trop ce que je pourrais répondre à cette objection.

---

(1) Cette expression ne saurait être contestée. Voir plutôt *J. O.* du 6 juillet 1921, débats, Chambre, page 3211, troisième colonne ; *J. O.* du 7 juillet 1921, débats, Chambre, pages 3220, première colonne, 3221, deuxième colonne, etc.

« J'achète un chapeau que j'userai en un an, par exemple,
« pourtant je le paye de suite, mais je l'emporte, tandis que le
« locataire ne peut emporter la maison, et ainsi vous dites que le
« locataire qui paye « d'avance » ? ne fait en réalité qu'un payement
« comptant ».
' « ... en ces deux sortes de marchandises, il y a une nuance
« qu'en fait je ne puis démêler ».

Cette fois, désirant éclairer pleinement notre sociétaire, nous
nous mîmes au travail pour approfondir la question et notre
réponse fut basée sur les considérations suivantes :

Les dispositions réglementant le payement des loyers et la
jurisprudence qui a pu résulter de l'article 25 de la loi du
9 mars 1918, sont nées de la guerre et, conséquemment exception-
nelles et temporaires, les conditions des contrats étant, en temps
ordinaire, la loi des parties, en tant que ces conditions ne sont pas
illicites et ne dérogent pas à un principe d'ordre public.

Et puis, cette jurisprudence et cet article 25 de la loi du
9 mars 1918 sur lequel elle s'appuie, sont la conséquence d'usages
exclusivement parisiens — il faut le souligner encore et toujours
— et qui consistaient à faire verser par le locataire une somme
« en garantie » du dernier trimestre de jouissance, ce qui est bien
un payement « d'avance » puisque bien qu'étant *en possession de
la chose*, « la jouissance de ce terme » versé en garantie, « ne
commencera qu'avec ce terme lui-même et le premier jour de ce
terme.

De là à *assimiler* le payement du *premier trimestre* versé en
entrant avec le versement du *dernier trimestre* « en garantie » et
qualifier le tout de « payement d'avance » il n'y a qu'un pas et il
fut facilement franchi.

Et c'est alors qu'on tombe dans une grosse erreur, erreur que
nous avons maintes fois constatée : 1º Sur des baux établis par
des propriétaires eux-mêmes ; 2º Sur des quittances de loyer
imprimées, encore vendues actuellement ! C'est alors, disons-nous,
qu'on tombe dans une grosse erreur en confondant, en assimilant
les deux versements, erreur que personne ne voit, ou ne veut
rectifier — mais cela vaudrait-il plaider, vraiment ? car même avec
la bonne cause on ne gagne pas toujours ! — et l'erreur n'étant
ni relevée, ni corrigée, il n'en faut naturellement pas davantage
pour que le principe de « payement d'avance » passe *en force de
chose admise*, sans d'ailleurs avoir été étudiée, discutée, ni jugée.

Voyons, par analogie, ce qui se passe dans la presse : Des
propos ou des agissements sont attribués à quelqu'un. S'il ne
proteste pas, s'il ne suit pas la polémique et se contente de
mépriser par le silence, eh bien, dans un délai de X... jours,
d'ailleurs parfois fixé par le journal — dans ce cas, c'est une mise
en demeure — l'article est tenu pour *véridique, authentique*,

c'est-à-dire « chose acquise », sous prétexte qu'il n'y a pas eu
protestation ! C'est beau, n'est-ce pas, la liberté de la presse ? mais
quelle piètre valeur que tous ces articles bâclés toujours à la hâte
et constamment rectifiés ou démentis !

Pour ne citer qu'un exemple parmi des milliers : Tout récem-
ment, un journal de Paris annonçait que M. Georges Bureau,
député de la Seine-Inférieure, se trouvant à Etretat, était en train
d'écrire *une pièce de théâtre en trois actes et d'un accent très
dramatique.* Est-ce assez détaillé et précis ?... et le quotidien
envoyait ses félicitations...

M. Bureau dut répondre (1) que l'information était inexacte et
qu'il *terminait les rapports sur les budgets de l'Algérie et de
la Tunisie !...*

Cette parenthèse n'était pas inutile, elle prouve qu'un fait
annoncé, *une habitude prise* et dont M. Tout-le-Monde supporte
les effets sans étudier pour apporter le remède, passe « en force de
chose admise », comme nous venons de le dire, et la démonstration
de l'erreur n'est pas une mince besogne !

Un principe qu'on pourrait opposer à notre thèse, c'est que
l'article 1752 du Code civil obligeant les locataires à garnir les
lieux pour la garantie du loyer, le payement au commencement
du terme rendrait sans objet la disposition de cet article, en
dispensant les locataires de cette obligation.

À cela nous répliquons : « L'obligation de garnir les lieux pour
la garantie du loyer doit subsister entière, car si, en entrant, le
locataire verse un trimestre, où trouverait-on la garantie *des
trimestres suivants et des réparations locatives,* le cas échéant,
à défaut de payement et de mobilier suffisant ? (2) *et des impôts*
en cas de déménagement furtif ? Car en cas d'action permise
seulement à la fin du trimestre, un second trimestre serait entamé,
et, comme complément, le propriétaire responsable des contribu-
tions de son locataire s'il n'a eu connaissance qu'après huit jours
du déménagement furtif de son locataire. Et il ne peut se dégager
de cette responsabité alors même qu'il abandonnerait son droit de
saisie-revendication — article 2102 du Code civil — le mobilier
à saisir (?), dans ce cas, ne représentant peut-être pas un dixième
des frais à engager, surtout s'il faut envisager la vente ! »

A la combinaison du locataire qui offrirait de payer chaque
matin, nous répondons : « Pourquoi *chaque matin, au moment
de l'entrée en jouissance ?* Vous prétendrez encore que ce sera

---

(1) *Journal de Rouen* du 6 septembre 1921, page 2, dernière colonne
(Etretat).

(2) ...et, à moins que le locataire n'ait salon, cabinet de toilette, chambre
d'ami, la garantie du propriétaire tend à devenir illusoire.

d'avance et le principe subsistera entier puisque **nous répéterons** que ce *payement chaque matin est comptant* ».

En suivant l'ordre de la lettre de notre sociétaire, nous arrivons à la question du chapeau.

On se souvient que, dans sa seconde lettre, notre sociétaire nous a dit ceci : « J'achète un chapeau que j'userai en un an, pourtant je le paye de suite, mais je l'emporte, tandis que le locataire **ne** peut emporter la maison, …en ces deux sortes de marchandises, il y a une nuance qu'en fait je ne puis démêler ».

L'unique nuance entre le chapeau et la maison, la voici :

Votre chapeau « vous appartient », *il est votre propriété*, vous pouvez donc en disposer comme il vous plaît : le vendre, le détruire ou le conserver jusqu'à usure complète, puique vous en avez *payé la valeur entière*.

La maison « n'appartient pas » au locataire, il ne peut ni la vendre, ni la détruire, ni la conserver au delà du temps convenu, puisqu'il n'en a *payé qu'une jouissance temporaire*.

Ceci c'est la question de « propriété ».

Vient ensuite la question « possession et jouissance ». Sur cette dernière question il n'y a aucune nuance entre n'importe quel objet : dès l'instant que vous « possédez » cet objet — ou cette marchandise — vous en avez une « jouissance égale », que cet objet vous appartienne ou non.

Nous continuerons les éclaircissements en ne nous appuyant que sur des arguments positifs — à défaut de dispositions **réglementant** la matière (en temps de droit commun), et, lorsque nous aurons terminé, il restera une vaste marge pour l'apport **des idées** de chacun.

Nous prétendons que, dans la question qui nous occupe, il y **a** trois modes de payements :

1° *Le payement d'avance* qui consiste à verser une somme en échange de laquelle *la chose payée n'est pas délivrée* et dont on ne peut jouir ;

2° *Le payement comptant* qui est « l'échange » entre *l'argent versé* et la remise de la chose, *la prise de possession pour en jouir immédiatement* ;

3° *Le payement à crédit* qui est la délivrance de la chose, la *prise de possession* de cette chose pour en jouir de suite, *sans verser quoi que ce soit*, sauf à payer « pendant ou après jouissance » selon des modalités convenues.

Exemples de « payement d'avance ».

Nous commandons un complet sur mesure ; bien, dit le tailleur, cela vous coûtera… tant, et, ajoute-il, il est d'usage de *verser la moitié à la commande*. — Voilà bien une somme de X… qui va représenter un versement d'avance puisque « en échange » *nous ne recevrons rien*.

Autre : Le Cirque annonce pour « demain » une représentation, mais, *dès aujourd'hui*, on délivre des billets *à l'avance*. En effet, c'est bien encore *d'avance*, car nous déboursons notre argent aujourd'hui et ne jouirons de la chose que demain.

Enfin, nous entrons *aujourd'hui* en jouissance d'une maison pour neuf ans, le loyer est de 5oo francs. Nous convenons de payer ces neuf années de jouissance par fractions de trois mois, — car payer les neuf ans de suite paraîtrait extraordinaire, cela ferait 4.5oo francs, alors qu'on achète couramment un ameublement de même somme, *payée en prenant livraison* et dont la jouissance — quotidienne aussi — dépasse ordinairement trente ans, et que jamais il n'est venu à l'idée de personne de dire : « J'ai acheté une chambrée — ou un salon — et j'ai payé *d'avance* ».

Nous convenons, disons-nous, de payer ces neuf années de jouissance en trente-six fractions égales, eh bien, du fait de *diviser le payement* en trente-six fractions, *la jouissance est amenée forcément à épouser cette division*, de telle sorte que la convention « établie et rédigée pour neuf ans » se transforme en « une jouissance de trente-six trimestres consécutifs ».

Et nous estimons alors, que si en entrant nous versons la première et la trente-sixième fraction, le montant de cette dernière est bien un payement d'avance — pas neuf ans, mais bien huit ans et neuf mois — alors que le versement de la première fraction est une opération « au comptant » comme on va le voir.

Passons au « payement comptant » — qui consiste à *l'échange d'argent et de marchandise* et cela, qu'il s'agisse de *vente* ou de *location.*

Dans le premier cas, vous conserverez la chose tant qu'il vous plaira ; dans le second cas, vous la rendrez à l'époque convenue, *voilà la seule différence,* car pendant que vous aurez « possédé » cette chose, vous en aurez eu la jouissance, réelle, pleine et entière, soit que cette chose vous appartienne, soit que vous deviez la rendre si elle ne vous appartient pas, la « nuance » nous l'avons expliquée plus haut.

Mon chapeau, dira-t-on, je le paye de suite mais je l'emporte, tandis que le locataire ne peut emporter la maison ?

Votre chapeau, vous l'emportez, pourquoi ? pour en jouir et *parce que cette jouissance ne peut se consommer chez le vendeur ;* le locataire, au contraire, *consommera sa jouissance dans la maison* et « à l'instant où il entre » il est « possesseur » au « même degré de jouissance » que vous l'êtes de votre chapeau. Cela est tellement exact que votre locataire ayant commencé à consommer la jouissance de sa maison, vous n'avez plus le droit de l'y troubler, ni de vous y introduire sans raison majeure et autorisation de justice en cas de refus. Pourquoi ? Parce que dès qu'il est entré en possession de sa location le locataire dit : « Je suis chez moi ». D'accord, mais ne semblerait-il pas alors que pour s'exprimer ainsi, il devrait « obligatoirement » payer le trimestre en entrant comme nous le démontrerons dans un instant ?

En résumé, la location est en quelque sorte une « vente temporaire » avec simplement diverses conditions, des prix convenus et des modalités de payement.

Supposons une maison vide, on la vend, l'acquéreur paye *contre la remise des clés*, n'est-ce pas comptant ? et peut-il dire qu'il a payé d'avance ?

Voyons encore ceci : Nous avons besoin assez souvent d'une voiture à bras ; allons-nous en acheter une ou en louer une ? Si nous l'achetons, nous la payons et partons avec, si nous la louons, nous « payons de suite » la location — de 4 heures par exemple — et partons aussi avec l'objet *parce que la jouissance ne peut se consommer* chez le marchand-loueur.

Dans l'un comme dans l'autre cas, n'avons-nous pas « payé de suite » et « pris livraison de la marchandise » ? Si nous l'avons achetée nous la conserverons — et en ferons tel usage qu'il nous plaira — nous avons dû alors *payer la valeur réelle et entière* de l'objet ; si nous l'avons louée seulement, nous *n'avons payé que la location* qui représente le prix du service à rendre. Mais qu'il s'agisse d'achat ou de location, nous avons « payé en prenant possession de la chose, de la marchandise », objet de la transaction. Pourquoi donc dirons-nous « payé comptant en cas d'achat » et « payé d'avance en cas de location » ? L'exemple n'est-il pas frappant ? De même pour une maison, cela ne fait aucun doute.

Le fait donc de « délivrer la chose », le fait d' « en prendre livraison » met l'intéressé — acquéreur ou locataire — en « possession pleine et entière » de cette chose, soit à titre définitif (vente), soit à titre temporaire (location) et si l'intéressé est en possession pleine et entière, au même degré dans les deux cas, il en doit le prix de suite, parce que possession et jouissance de suite et ce *prix payé en échange de la marchandise reçue* est incontestablement une opération au comptant.

Le payement au commencement d'un trimestre n'est donc pas un payement d'avance, mais bien un payement comptant puisque *l'argent s'échange contre la livraison de la marchandise* dont la jouissance immédiate est entière, seuls *la durée* de jouissance et *le prix* variant suivant qu'on a acheté ou loué ainsi qu'il vient d'être expliqué.

Nous arrivons enfin au « payement à crédit » qui consiste à recevoir, à prendre livraison, à posséder et à jouir d'une chose dont le payement ne s'est pas fait comptant.

Les exemples abondent pour toute marchandise quelconque ; en voici un — très probant — pour la marchandise logement,

Un locataire arrête un logement « au trimestre » résiliable suivant l'usage des lieux, tous les trois mois. Prenons une date : il arrête cette location le 1er juin, il doit entrer le 1er juillet. Le 20 juin, il lui survient un événement qui ne lui permettra pas d'habiter plus de trois mois dans cette location. Il donne donc congé le 22 juin — avant d'entrer — pour sortir le 1er octobre. S'il paye ses trois mois de jouissance « en sortant » le 1er octobre, comment appeler ce payement, si ce n'est un payement à crédit puisqu'il a lieu *alors qu'on a fini d'user de la chose ?*

Appellera-t-on ce payement « à terme échu » ? Nous nous sommes expliqués sur la valeur de cette expression, nous y renvoyons le lecteur.

L'étude d'une question quelconque est toujours trop courte ou trop longue. Celle que nous terminons paraîtra longue. Nous nous en excusons, mais si notre grand désir d'éclairer les intéressés nous a conduit à entrer dans tant de détails — et de répétitions — nous avons pris, d'autre part et dès le début de notre étude, la décision d'exposer tout ce que nous pensions afin de n'avoir plus à y revenir. C'est ainsi que nous avons eu et prévu des contradictions et y avons répondu « d'avance » !

Malgré cela, il reste une belle marge ouverte à tous ceux qui désireront joindre leurs connaissances autorisées à notre modeste contribution. Car nous n'avons certainement pas « dit tout » et nous ne saurions prétendre avoir convaincu « tous » les intéressés.

Notre unique préoccupation, nous l'avons annoncée au cours de cet exposé, et nous aurons la satisfaction du devoir accompli si elle peut aider — tant soit peu — à élucider une question appelée à être solutionnée par voie législative.

Clément BUNEL,
Directeur.

www.ingramcontent.com/pod-product-compliance
Lightning Source LLC
LaVergne TN
LVHW010919180726
843502LV00010B/4197